Mythologie japonaise pour débutants

Vivez les légendes passionnantes du Japon et découvrez pas à pas la culture de ce pays

Tobias Kuhn

CONTENU

Ce qui vous attend dans ce livre

D'un point de vue occidental européen, beaucoup de choses liées à l'État du Japon, y compris son histoire, sa culture et ses habitants, semblent non seulement étranges, mais aussi, dans une certaine mesure, inaccessibles et incompréhensibles. Ceux qui ne s'y intéressent pas explicitement n'ont souvent aucun lien avec le Japon. Cela vaut bien sûr aussi pour la mythologie japonaise. Contrairement à la mythologie gréco-romaine ou nordique-germanique, le niveau de connaissance de celle-ci est plutôt faible en Occident.

L'énorme distance géographique et culturelle fait qu'il est peu probable d'avoir une ou même plusieurs personnes dans son entourage proche qui s'y connaissent. En d'autres termes, il s'agit d'un intérêt de niche dans notre pays. Souhaitez-vous combler l'une ou l'autre lacune dans ce domaine ? Peut-être avez-vous déjà quelques connaissances de base sur le Japon et souhaitez-vous ensuite vous pencher sur sa mythologie, ou vous intéressez-vous plus généralement à la manière dont les différentes cultures du monde sont influencées par leurs mythologies respectives.

Dans chacun de ces cas, vous avez fait le bon choix en achetant ce livre. Les spécificités culturelles du monde sont nombreuses et chacune d'entre elles est passionnante en soi et offre beaucoup de choses intéressantes à l'observateur. Le Japon ne fait pas exception à la règle. Et c'est ce dont il est question dans ce livre.

Comme le contenu de ce livre s'adresse à des débutants, je ne souhaite pas trop m'attarder sur des détails secondaires ou sur des détails qui ne sont pertinents que pour les japonologues professionnels. Dans la mesure où je traduirai des noms parlants et expliquerai des contextes historiques, une connaissance de la langue ou de l'histoire japonaise n'est en aucun cas requise. Le but de ce livre est plutôt de donner aux lecteurs non spécialistes une vue d'ensemble de tous les sujets liés à la "mythologie japonaise". Cela ne se limite pas aux mythes et légendes en tant que tels. Vous apprendrez tout sur les notions de base indispensables pour aborder le sujet. Dans quel contexte la mythologie japonaise doit être considérée, de quoi parlent les récits mythologiques, comment ils sont interprétés, dans quelles œuvres littéraires ils sont principalement consignés et bien plus encore.

Principes de base

SHINTŌ

Bien que le Japon n'ait plus de religion d'État officiellement définie depuis la sécularisation complète imposée par l'occupation américaine au gouvernement du pays en 1945 après la fin de la Seconde Guerre mondiale, il existe néanmoins deux croyances qui sont de loin les plus populaires et les plus représentées parmi la population japonaise : D'une part, le bouddhisme, et plus précisément sa version japonaise, qui se distingue de celles que l'on trouve en Asie continentale, et d'autre part le shintō (également connu dans les milieux non spécialisés sous le nom moins approprié de "shintōisme").

Vous aurez peut-être remarqué que j'ai délibérément utilisé ici le terme de "croyances" plutôt que celui de "religions". La question de savoir si le Shintō est une religion, ou si le Shintō doit être considéré comme une religion dans la littérature des sciences humaines, n'a pas de réponse claire, même au sein de la communauté des études japonaises, et les opinions divergent à ce sujet.

Les difficultés de définition du Shintō ne sont pas propres à l'étude du Japon en général. Pour ce livre en particulier, la position du Shintō au Japon fait qu'il est parfois difficile de distinguer ce qui relève de la mythologie japonaise de ce qui n'en relève pas. La plupart des récits mythologiques que l'on peut qualifier de shintōistes sont si indissociables de la vie quotidienne japonaise qu'il est souvent impossible de faire la différence entre la mythologie japonaise et la mythologie Shintō.

Tout comme les traditions japonaises et les traditions de Shintō, les deux termes sont souvent considérés comme presque identiques, de sorte qu'il est difficile ou parfois tout simplement impossible de classer un phénomène particulier comme étant exclusivement japonais ou shintōiste, car les particularités japonaises caractéristiques sont généralement d'origine shintōiste ou du moins fortement liées au Shintō. Étant donné que presque chaque tradition culturelle de l'histoire intellectuelle japonaise est influencée d'une manière ou d'une autre par des éléments shintōistes, il serait possible et légitime de les traiter toutes comme une mythologie collective. Cependant, il serait extrêmement déroutant et confus, surtout pour un débutant, d'essayer d'aborder tout ce contenu en une seule fois. Être submergé par une telle quantité d'informations, de noms, d'histoires et de concepts, serait plutôt dissuasif et n'encouragerait pas l'étude du sujet.

C'est pour cette raison que j'ai choisi de me concentrer sur ce que l'on pourrait globalement définir comme la mythologie Shintō "pure". Tout ce qui s'y rapporte sera traité en premier et ce n'est qu'en conclusion que j'aborderai brièvement les autres conceptions mythologiques.

LE COSMOS DE LA MYTHOLOGIE JAPONAISE

Il est également nécessaire de définir brièvement les termes avant de commencer. Dans la mythologie japonaise, il est question des kami à tout moment. Le mot japonais "kami" devient souvent "dieu/dieux" dans les traductions de textes japonais en langues occidentales. Bien que cette traduction soit parfois appropriée selon le texte, des traductions telles que "âme(s)", "esprit(s) de la nature", "essence(s)" ou "sainteté" sont également possibles dans l'usage japonais. Dans le contexte du Shintō, toutes ces significations s'appliquent d'une certaine manière. De plus, les kami ne sont pas seulement des existences d'origine surnaturelle ou d'un autre monde, mais aussi des ancêtres ou des dirigeants décédés. Il arrive également que des plantes, des objets ou même des parties individuelles d'autres kami soient considérés comme des kami. Comme il n'existe pas de mot en français qui réunisse toutes ces significations et qui ait donc vraiment exactement les mêmes connotations, j'utiliserai le terme japonais sans le traduire.

En outre, il est utile de comprendre comment le monde est structuré selon la mythologie japonaise. Il se compose du ciel, appelé Takamagahara (littéralement "haut niveau du ciel"), et de la terre. L'endroit exact où se trouve le ciel n'est jamais précisé. Il est possible qu'il s'agisse du ciel réel, mais il existe également des interprétations selon lesquelles la mythologie se réfère à des endroits du Japon très éloignés de la civilisation humaine, principalement des montagnes.

Le ciel et la terre sont séparés l'un de l'autre et reliés par un pont flottant, appelé Ama no Ukihashi (littéralement "pont flottant du ciel"). Sous la terre se trouve le monde souterrain ou monde des morts, Yomi (l'origine étymologique du mot n'est pas connue, c'est pourquoi il faut plutôt le considérer comme un nom propre sans signification), où vont tous les défunts, quel que soit leur mode de vie. Il existe en outre un autre lieu, également souvent appelé "enfer" dans les traductions occidentales, appelé Ne no Kuni (littéralement "terre des racines"). Selon la tradition, ce lieu est soit identique au monde souterrain appelé Yomi, soit il s'agit d'un autre monde inférieur, un royaume des morts d'où la vie renaît. Dans la suite du texte, lorsqu'il est question du monde souterrain, il s'agit toujours de Yomi, le pays des racines étant toujours désigné comme tel par souci de clarté.

Au début, la plupart des kami vivent dans le ciel et ne pénètrent sur terre, si tant est qu'ils le fassent, que par intermittence, avant de retourner au ciel, de mourir et donc de rejoindre les Enfers ou de "se retirer", ce qui signifie simplement, la plupart du temps, qu'ils n'apparaissent plus dans le récit à partir de ce moment-là. Plus tard, plusieurs kami vivent sur terre et sont séparés de ceux du ciel.

Le Japon est bien entendu situé sur la Terre. Comme l'État japonais n'existait pas encore sous ce nom et sous sa forme moderne à l'époque de la création de la mythologie, le groupe d'îles qui constitue le Japon actuel est nommé de différentes manières dans les mythes créés à différentes époques. Il s'agit parfois de descriptions très poétiques, comme Ashihara no Nakatsukuni (littéralement "pays à l'intérieur des plaines de roseaux") ou Toyoashihara no Mizuho no Kuni (littéralement "pays des jeunes épis de riz sur les riches plaines de roseaux"), ou parfois de noms d'anciennes provinces à l'intérieur du Japon, qui sont parfois utilisés comme synonymes de l'ensemble du Japon ou du monde entier. Cela s'explique par le fait que de nombreux récits et anecdotes locaux ont été intégrés avec le temps dans la mythologie japonaise dans son ensemble, et que ces récits ne mentionnent souvent que le nom de leur lieu d'origine lorsqu'il s'agit du monde humain. La province historique d'Izumo, qui se trouvait dans la partie est de l'actuelle préfecture de Shimane, est particulièrement souvent mentionnée.

Le récit mytholo-gique

KUNIUMI ET KAMIUMI

Le récit de la mythologie japonaise commence par la création de l'univers. La cause de cette création n'est pas précisée et, au début, l'univers est dans un état chaotique et informe. A peu près au même moment, cinq générations de kami, appelés koto amatsukami (littéralement "kami céleste distingué"), émergent du néant. Le ciel et la terre se forment et se séparent.

La Terre existe donc déjà, mais elle n'est constituée que de mer et ne possède pas encore de terre. Après la création du ciel et de la terre, sept autres générations, appelécs Kamiyo Nanayo (littéralement "sept générations de l'âge des Kami"), viennent s'ajouter. Alors que les cinq générations de Koto Amatsukami et les deux premières générations de Kamiyo Nanayo sont composées chacune d'un kami asexué, apparu spontanément et ne se reproduisant pas, les cinq générations suivantes de Kamiyo Nanayo sont composées chacune de deux frères et sœurs, un kami mâle et un kami femelle, qui donnent ensemble naissance à la génération suivante.

Vient ensuite l'ère connue sous le nom de Kuniumi (littéralement "naissance du pays"), dans laquelle on peut situer le début de l'existence de notre monde. Le mythe parle des deux kamis Izanagi no Mikoto (littéralement "l'invitant" ; ci-après Izanagi) et Izanami no Mikoto (littéralement "l'invitée" ; ci-après Izanami), qui sont à la fois frère et sœur et forment un couple en tant que septième et dernière génération de Kamiyo Nanayo. Ils reçoivent de leurs prédécesseurs la responsabilité de créer la terre. Ils entrent dans le pont qui relie le ciel et la terre. De là, ils créent la première masse terrestre de l'histoire en touchant la surface de l'eau avec une lance ornée de bijoux, en brassant l'eau et en soulevant ensuite la lance au-dessus de l'eau, de sorte que quelques gouttes d'eau salée retombent à la surface de l'eau, devenant ainsi l'île d'Onogoroshima (littéralement "île coagulée par elle-même").

Izanagi et Izanami entrent eux-mêmes dans ce pays, construisent un palais soutenu par un pilier du ciel et s'y marient. En raison d'une erreur dans le déroulement du rituel de mariage, leur premier enfant, un fils, naît imparfaitement. Selon les sources, il est soit simplement handicapé moteur, soit dépourvu de bras et de jambes, voire d'os. En raison de cet aspect caractéristique, ils le nomment Hiruko (littéralement "enfant sangsue") et l'abandonnent en mer sur un petit bateau.

Après avoir pris conseil auprès des autres kami encore au ciel, Izanagi et Izanami répètent la cérémonie de la bonne manière et Izanami donne naissance successivement à la plupart des îles du Japon, ce qui clôt le Kuniumi et ouvre la voie à ce que l'on appelle le Kamiumi (littéralement "naissance des kami").

Dans la foulée des îles japonaises, Izanami donne également naissance à de nombreux kamis. Différentes sources évoquent des chiffres compris entre 800 et 800 millions. Le dernier de ses enfants est Hi no Kagutsuchi (littéralement "force lumineuse" ; i.e. Kagutsuchi), le kami du feu. Selon la tradition, le corps de Kagutsuchi est soit entièrement constitué de flammes, soit il expulse du feu en permanence, ce qui explique pourquoi il inflige à sa mère des blessures si graves à la naissance qu'elle en meurt et doit être enterrée. Dans sa colère, Izanagi tue son fils Kagutsuchi. Les restes de ce dernier donnent naissance à d'autres kami et lorsque Izanagi découpe son corps en huit morceaux à l'aide d'une épée, ceux-ci deviennent huit volcans.

Izanagi, poussé par le désir de revoir sa femme, se rend aux Enfers, où il finit par la retrouver. Elle exprime le souhait qu'il ne la regarde pas, car elle a déjà mangé des fruits des Enfers et en a été transformée. Lorsqu'il ne tient pas compte de cette demande et qu'il tente de jeter un coup d'œil furtif à Izanami endormie la nuit, il découvre avec horreur que son apparence extérieure, autrefois si belle, est devenue celle d'un cadavre pourrissant et rongé.

Son cri réveille Izanami et Izanagi s'enfuit des Enfers, poursuivi par elle et une horde de guerriers, ce qu'il parvient à faire grâce, entre autres, à trois pêches tombées d'un arbre voisin. Arrivé à l'entrée des Enfers, son regard et celui d'Izanami se croisent une dernière fois avant qu'il ne ferme l'entrée à l'aide d'un rocher. Pour se venger, Izanami fait le vœu de faire mourir 1000 personnes par jour, et Izanagi jure alors d'assurer 1500 naissances par jour.

Ayant séjourné aux Enfers et devant constater l'état dans lequel se trouvait Izanami, Izanagi effectue un rituel de purification dans une rivière. Plusieurs kami sont créés à partir de ses vêtements abandonnés et en lavant les impuretés des enfers avec l'eau de la rivière. Parmi eux, les trois derniers sont particulièrement importants à mentionner : Le kami du soleil, Amaterasu-Ōmikami (littéralement "qui illumine le ciel" ; i.e. Amaterasu), né de l'œil gauche d'Izanagi ; le kami de la lune, Tsukuyomi no Mikoto (littéralement "qui fait les lunes ou les. Le kami de la tempête et de la mer, Susanoo no Mikoto (littéralement "le fougueux"), est né de son nez.

Ces trois frères et sœurs naissent en même temps et jouent probablement le rôle le plus important dans toute la mythologie japonaise. Dans une variante du récit, telle qu'elle est présentée dans le Nihonshoki, Amaterasu, Tsukuyomi et Susanoo ne sont pas créées par Izanagi seule, mais sont trois des enfants qu'Izanagi et Izanami ont engendrés ensemble après leur arrivée sur la terre nouvellement créée. Amaterasu est leur premier enfant. Dans cette tradition, Izanami ne meurt pas, c'est pourquoi ni elle ni son mari n'entrent dans le monde souterrain.

Avant de se retirer, Izanagi partage le monde entre ses trois enfants : Amaterasu obtient la domination du ciel, Tsukuyomi celle de la nuit et Susanoo celle des mers. Contrairement à ses deux frères et sœurs, Susanoo refuse d'accomplir sa tâche, préférant être avec Izanami. Après avoir pleuré jusqu'à ce qu'il soit devenu adulte et qu'une barbe de huit largeurs de main ait poussé, asséchant entre-temps toutes les rivières, il est exilé par son père, dont on ne parlera plus à partir de ce moment-là, dans le pays des racines. C'est la fin de Kamiumi.

MIHASHIRA NO UZU NO MIKO

Amaterasu, Tsukuyomi et Susanoo sont collectivement appelées Mihashira no Uzu no Miko (littéralement "les trois enfants nobles ou précieux"). Amaterasu, en particulier, représente le personnage central de la mythologie japonaise. L'importance de Tsukuyomi contraste avec le peu de mentions qui en sont faites dans les textes mythologiques. En effet, il existe si peu d'informations sur Tsukuyomi que même son sexe n'est pas connu. La plupart des gens pensent qu'il s'agit d'un kami de sexe masculin.

Amaterasu et Tsukuyomi se marient et partagent temporairement le ciel. Lorsqu'Amaterasu envoie Tsukuyomi comme représentant auprès d'Ukemochi, kami de la nourriture et autre fille d'Izanagi et Izanami, Tsukuyomi tue Ukemochi par dégoût de la voir créer de la nourriture à partir de différentes parties de son corps. D'autres kami sont également créés à partir de ses restes. Amaterasu et Tsukuyomi se séparent et Amaterasu, profondément contrariée, décide qu'elle ne veut plus jamais revoir Tsukuyomi.

Avant de commencer son exil, Susanoo monte au ciel pour faire ses adieux à sa sœur Amaterasu. Afin de lui prouver que ses intentions sont sincères, les deux frères et sœurs s'engagent dans une compétition dont le déroulement exact varie d'une source à l'autre. Au cours de cette compétition, de nombreux autres kamis sont créés à partir des vêtements, bijoux, armes et autres objets que les deux frères et sœurs portent sur eux. Nous ne mentionnerons ici que Ame no Oshihomimi, qui a été créé à partir des bijoux qu'Amaterasu portait dans ses cheveux.

Après la fin de la compétition, Susanoo commet une série d'actes sacrilèges, appelés amatsutsumi (littéralement "crimes ou péchés célestes"), au cours desquels il détruit les récoltes, profane les lieux sacrés, irrite les autres kamis et les blesse même mortellement. Selon les sources, il le fait soit parce qu'il perd la compétition et en est frustré, soit parce qu'il la gagne et est tellement grisé par sa victoire qu'il ne peut plus contrôler son propre comportement.

Amaterasu est d'abord prête à fermer les yeux sur les actes de Susanoo, mais après qu'il a finalement dépecé un cheval, percé le toit de la salle de tissage d'Amaterasu et jeté le cheval dépecé à l'intérieur de la salle par l'un des trous, blessant mortellement l'une des tisseuses, elle aussi en a définitivement assez. Horrifiée, elle se retire dans une grotte et, comme elle incarne le soleil, la lumière du soleil disparaît du ciel et de la terre, la laissant dans l'obscurité.

Menés par Tokoyo no Omoikane (littéralement "celui qui sert éternellement ses pensées"), le kami de la sagesse, les autres kamis mettent au point un plan pour convaincre Amaterasu de revenir, en organisant une représentation spectaculaire devant la grotte. Le spectacle comprend notamment des oiseaux chantants et des arbres déracinés. La partie la plus importante consiste en une danse rituelle et pantomime qu'Ame no Uzume no Mikoto (i.e. Ame no Uzume), kami du crépuscule, de la gaieté et de l'art, exécute dans une sorte de transe devant la grotte. Vêtue de fleurs, de feuilles et de plantes, elle offre un spectacle comique et amusant avant de retirer ses vêtements et d'exécuter la danse nue.

Elle parvient ainsi à faire rire à gorge déployée tous les kamis rassemblés, ce dont Amaterasu s'aperçoit à l'intérieur de la grotte. En regardant à l'extérieur, elle se voit dans un miroir qui a été placé auparavant devant l'entrée. Elle se dirige vers le miroir et est éblouie par son propre reflet lumineux, si bien qu'elle ne se reconnaît pas dans un premier temps. Le kami Ame no Tajikarao (littéralement "main forte du ciel"), qui se tient prêt près de l'entrée, en profite pour la sortir complètement de la grotte. Après avoir été suppliée avec insistance et désespoir par les autres kami de revenir, elle accepte et la lumière du soleil revient dans le monde. La scène où elle quitte la grotte, fait face à la performance d'Ame no Uzume et des autres kami et fait à nouveau briller la lumière du soleil est l'un des moments les plus célèbres de la mythologie japonaise et a été immortalisée à de nombreuses reprises par des artistes. Susanoo est soumis à une cérémonie de purification en guise de punition pour ses actes et est à nouveau banni.

SUSANOO ET ŌKUNINUSHI

Susanoo, exilé sur Terre, rencontre un vieux couple en deuil qui lui raconte qu'au cours des sept dernières années, sept de leurs huit filles ont été dévorées par Yamata no Orochi (littéralement "serpent géant à huit fourches" ; i.e. Orochi), un monstre géant en forme de serpent ou de dragon avec huit têtes et huit queues. Comme le temps approche où Orochi apparaîtra pour la huitième fois et leur prendra également leur dernière fille, Kushinada-hime (littéralement "princesse merveilleuse des rizières"), ils demandent l'aide de Susanoo.

Celui-ci se présente comme le frère d'Amaterasu et propose de tuer Orochi s'ils lui permettent d'épouser leur fille. Il transforme Kushinada-hime en peigne et la cache dans ses cheveux pour la soustraire au monstre. Ensuite, sur les instructions de Susanoo, le couple prépare du saké avec lequel Orochi est enivré avant d'être tué par Susanoo. Dans le corps du monstre, il trouve le sabre légendaire Kusanagi no Tsurugi (littéralement "sabre qui coupe l'herbe"), qu'il offre à sa sœur Amaterasu à son retour, afin de se racheter et de régler la querelle entre les deux frères et sœurs.

Ōkuninushi no Mikoto (littéralement "propriétaire ou maître du grand pays" ; en fait Ōkuninushi), qui est, selon les sources, soit un fils, soit un arrière-arrière-arrière-petit-fils (c'est-à-dire un descendant de sixième génération) de Susanoo et Kushinada-hime, se rend avec ses 80 frères ou frères aînés. (le chiffre 80 n'est peut-être pas à prendre au pied de la lettre et peut représenter un très grand nombre) dans un royaume étranger, car ils sont tous intéressés par la princesse Yagami-hime qui y vit. Les frères partent et rencontrent un lapin blessé qui a été attaqué par des crocodiles et des requins et qui a besoin d'aide.

Dans leur nature cruelle, ils lui jouent des tours, si bien que sa douleur et sa souffrance ne font qu'empirer. Ōkuninushi, qui les suit, rencontre également le lapin et l'aide. En raison de sa serviabilité, il attire l'attention de la princesse Yagami-hime, ce qui lui vaut la jalousie de ses frères. Les frères jaloux attirent ensemble Ōkuninushi dans un piège, si bien qu'il se brûle à mort sur un rocher incandescent. Sa mère demande à Kamimusubi no Mikoto (littéralement "celui qui produit les kami"), l'un des Koto Amatsukami mentionnés plus haut, de le ramener à la vie. Celui-ci exauce son vœu et Ōkuninushi est restauré sous la forme d'un beau jeune homme.

Ensuite, le processus se répète, les frères le tuent à nouveau en fendant un arbre avec un coin et en le faisant se rétracter, écrasant Ōkuninushi. Sa mère parvient à nouveau à le ramener. Cette fois-ci, elle lui conseille de s'enfuir vers le pays des racines, chez Susanoo. Au cours de sa fuite, il échappe de justesse à une troisième et dernière tentative d'attentat à sa vie par ses frères.

Après avoir réussi à s'échapper, il se rend chez Susanoo et tombe amoureux de sa fille, Suseri-hime. Susanoo n'est pas d'accord pour qu'ils se marient, c'est pourquoi il lui impose quatre épreuves qui, en raison de leur difficulté absurde, sont conçues pour ne pas être réussies. Après avoir réussi trois d'entre elles grâce à l'aide de Suseri-hime et une grâce à l'aide d'une souris des champs, il attache les cheveux de Susanoo aux poutres du toit du palais et s'enfuit avec Suseri-hime, l'épée, l'arc et le koto (cithare japonaise) de Susanoo. Lorsqu'il heurte accidentellement un arbre avec le koto, Susanoo se réveille et, en tapant trop vite et trop fort, il renverse accidentellement les poutres, provoquant ainsi l'effondrement de son propre palais. Malgré leur avance, il les poursuit jusqu'à l'entrée du Pays des Racines. Mais en réussissant les épreuves et en s'échappant de manière spectaculaire, Ōkuninushi a entre-temps réussi à impressionner Susanoo.

Au lieu de poursuivre les deux amants, il leur donne sa bénédiction et confie ses armes à Ōkuninushi, avec lesquelles il parvient, à son retour, à vaincre ses frères et à devenir maître du territoire terrestre. En même temps, il reforme le pays, ce qui est considéré comme la suite de l'acte de création interrompu par la mort d'Izanami.

Amaterasu propose à son fils Ame no Oshihomimi de régner sur la Terre. Comme il refuse, estimant que la Terre est encore trop sauvage et indomptée, Amaterasu fait la même offre à son second fils, Ame no Hohi. Celui-ci se met en route, mais une fois sur Terre, lui et l'Ōkuninushi qui règne sur la Terre développent une sympathie mutuelle, si bien qu'Ame no Hohi n'est plus intéressé par une prise en charge et ne donne plus de nouvelles à sa mère. Son fils, Ame no Wakahiko, est le prochain à recevoir l'offre d'Amaterasu et est envoyé sur Terre. Il y épouse cependant la fille de Ōkuninushi, Shitateru-hime, et ne respecte pas non plus sa mission initiale. C'est pour cette raison qu'Amaterasu et Taka-mimusubi no Mikoto (littéralement "qui produit des choses sublimes"), un autre Koto Amatsukami, envoient le kami du tonnerre et de l'épée, Takemikazuchi (littéralement "foudre et tonnerre courageux"), qui est l'un des kamis nés lors de l'assassinat de Kagutsuchi par Izanagi, pour soumettre le pays.

A son arrivée, Takemikazuchi demande à Ōkuninushi de lui remettre le pays. Ōkuninushi laisse ses deux fils prendre la décision. Alors que l'un d'eux, Yae Kotoshironushi, accepte immédiatement de lui céder la terre, l'autre, Takeminakata, le défie dans un combat que Takemikazuchi remporte. Ce processus est appelé kuniyuzuri (littéralement "remise de la terre").

Après avoir ainsi soumis le pays, Amaterasu propose à nouveau à Ame no Oshihomimi de le gouverner. Ce dernier propose à la place son fils, Amatsuhiko Hikoho no Ninigi no Mikoto (i.e. Ninigi), comme souverain, ce qu'Amaterasu et Takamimusubi acceptent. Ninigi pénètre sur terre, seul ou accompagné d'autres kami, selon la tradition. Son passage sur terre est appelé Tenson kōrin (littéralement "descente du ciel"). Sarutahiko Ōkami (littéralement "prince du champ de singe", i.e. Sarutahiko), chef des kami terrestres, se met en travers de son chemin, mais est persuadé de le laisser passer par Ame no Uzume, déjà mentionnée plus haut. Ame no Uzume et Sarutahiko se mettent en couple. Sur Terre, Ninigi tombe amoureux de Konohanasakuya-hime (littéralement "princesse des cerisiers en fleurs"), kami du mont Fuji. Il demande à son père, Ōyamatsumi (littéralement "celui qui habite dans les grandes montagnes"), kami des montagnes et de la guerre, de l'épouser.

Ōyamatsumi lui propose à la place sa fille aînée, Iwanaga-hime, que Ninigi refuse en raison de son apparence. Ōyamatsumi autorise le mariage entre Ninigi et Konohanasakuya-hime, mais maudit Ninigi pour avoir refusé Iwanaga-hime. En conséquence de cette malédiction, Ninigi et tous ses descendants sont privés d'immortalité et leur durée de vie est considérablement réduite. Dans d'autres récits, c'est Iwanaga-hime elle-même qui lance la malédiction.

JINMU

Ninigi lègue un hameçon à son fils aîné Hoderi no Mikoto (littéralement "lueur de feu") pour qu'il devienne pêcheur, et un arc à son jeune frère Hoori no Mikoto (littéralement "richesse de la récolte") pour qu'il devienne chasseur. Hoderi n'est pas satisfait de son cadeau, car un arc peut être utilisé par tous les temps, alors que pour pêcher, il faut avoir le bon temps. Comme il est le frère aîné, il estime avoir mérité le cadeau le plus utile et persuade Hoori de l'échanger. Cependant, après avoir constamment manqué sa cible avec l'arc, il souhaite annuler l'échange. Hoori perd cependant l'hameçon en mer. Après que Hoderi ait insisté pour qu'il le retrouve et l'ait même menacé de mort, Hoori part à sa recherche en mer. Il rencontre Toyotama-hime (littéralement "princesse aux riches bijoux"), la fille de Watatsumi (littéralement "protecteur de la mer"), le kami dragon de l'eau, qu'il épouse.

Il passe ensuite du temps au palais de Watatsumi. Après avoir parlé de sa situation à son beau-père, celui-ci fait rechercher l'hameçon par tous les poissons. Il est finalement retrouvé dans la bouche d'un poisson. Hoori, rongé par le mal du pays, retourne chez son frère avec sa femme, l'hameçon maudit par Watatsumi, ainsi qu'un bijou qui contrôle la marée basse et un autre qui contrôle la marée haute. Hoderi se rend compte qu'il ne peut plus réussir avec le crochet à cause de la malédiction et attaque Hoori. Ce dernier le maîtrise à l'aide des deux joyaux et Hoderi fait le vœu que ses descendants serviront de gardes du corps à ceux de Hoori.

Toyotama-hime tombe enceinte de Hoori. Il lui construit une hutte d'accouchement en plumes de cormoran. A l'approche de la naissance de l'enfant, la hutte n'est pas encore complètement terminée et n'est donc pas opaque. Toyotama-hime demande donc à son mari de ne pas la regarder lors de la naissance de l'enfant, car elle doit pour cela prendre sa forme non humaine. Il ne parvient pas à retenir sa curiosité et voit qu'elle s'est transformée en crocodile ou en requin pour l'accouchement. Hoori est effrayé et s'enfuit.

Toyotama-hime a tellement honte qu'elle se retire dans la mer, laissant son mari et son fils nouveau-né Ugayafukiaezu no Mikoto (littéralement "couverture de plumes de cormoran incomplète" ; i.e. Ugayafukiaezu) et fermant le chemin vers le royaume de la mer. Elle envoie sa jeune sœur Tamayori-hime pour s'occuper de l'enfant. Dans d'autres versions, Tamayori-hime est déjà venue avec Hoori et Toyotama-hime lors de leur retour. Quand Ugayafukiaezu devient adulte, il se marie avec sa tante Tamayori-hime.

Ensemble, Ugayafukiaezu et Tamayori-hime ont quatre fils. À l'âge de 45 ans, leur plus jeune fils, Kamu-yamato Iware-biko no Mikoto (i.e. Kamu-yamato I-ware-biko), conseille à ses trois frères de se rendre plus à l'est afin d'en apprendre davantage sur les régions in-explorées et de trouver un endroit plus approprié pour gérer l'ensemble du pays. Lorsqu'ils arrivent, plusieurs années plus tard, Kamu-yamato Iware-biko est le seul à être encore en vie, ses frères ayant été tués au combat en cours de route. Un corbeau à trois pattes le guide vers ce qui deviendra la province de Yamato. Un autre homme du nom de Nigihayahi y revendique également le trône, car il affirme lui aussi descendre des kamis. Cependant, lorsqu'il voit Kamu-yamato Iware-biko, il le reconnaît comme légitime et lui cède volontairement le pouvoir. Kamu-yamato Iware-biko monte alors sur le trône en 660 av. J.-C. sous le nom de Jinmu-Tennō et devient ainsi le premier empereur du Japon. Avec lui et la dynastie qu'il a établie, l'ère des kami prend fin et l'ère des hommes ou des empereurs humains com-mence. Il serait décédé en 585 avant J.-C. à l'âge de 126 ans.

Signification

EXPLICATION DES PHÉNOMÈNES NATURELS ET CULTURELS

De nombreux éléments de la mythologie japonaise servent d'explication à divers phénomènes observables dans la nature et la culture japonaise. La fermeture de l'entrée des Enfers par Izanagi justifie le fait qu'il existe une séparation et une délimitation entre le monde des vivants et le monde des morts qui ne peut être franchie facilement.

Le serment d'Izanami de faire en sorte que 1000 morts surviennent chaque jour et la réaction d'Izanagi de faire naître 1500 personnes chaque jour marquent le début du cycle naturel de la vie et de la mort. L'alternance naturelle du jour et de la nuit, ou du soleil et de la lune, est également expliquée par la mythologie :

Amaterasu et Tsukuyomi étant brouillées et Amaterasu ne souhaitant plus voir Tsukuyomi, le soleil et la lune ne peuvent être vus ensemble. La malédiction de Ninigi par Ōyamatsumi ou Iwanaga-hime explique pourquoi la vie humaine a sa longueur moyenne. Même le simple fait que l'homme prépare des aliments et les mange pour survivre possède une explication mythologique. Après l'assassinat d'Ukemochi par Tsukuyomi, Amaterasu a fait apporter la nourriture qu'elle avait créée, l'a appréciée et a décidé qu'elle servirait à l'avenir de nourriture aux descendants des kami.

La représentation d'Ame no Uzume devant la grotte est considérée comme l'origine mythologique ou l'inspiration du théâtre japonais Kagura, tandis que le combat entre Takemikazuchi et Takeminakata pour la domination du pays aurait représenté le premier combat de lutte Sumō du Japon, dont s'inspirent les combats traditionnels.

La relation étroite du Japon avec la mer, qui a toujours été importante dans l'histoire du pays et de sa population, remonte également à la mythologie. La mer y fonctionne souvent comme une sorte d'"autre monde", où de nombreuses lois en vigueur sur terre semblent avoir été suspendues. Par exemple, il est écrit au sujet du palais de Watatsumi (Ryūgū-jō) que le temps s'y écoule différemment ou qu'il y a une saison différente sur chacun de ses quatre côtés. Dans les temps anciens, il semble encore facile de voyager entre la terre et la mer, mais après la séparation plus nette entre les deux régions opérée par Toyotama-hime, les choses changent, ce qui explique pourquoi il n'est pas toujours facile de se déplacer entre la terre et la mer. En revanche, Hiruko, le fils abandonné par Izanagi et Izanami, sert d'explication à certains attributs positifs liés à la mer.

Les Japonais sont souvent très reconnaissants pour les poissons et autres richesses qui s'échouent sur la terre ferme. Certaines pierres échouées sur le rivage sont censées être de bon augure pour la pêche, et même les corps flottants retrouvés sur le rivage ou à proximité de la côte sont étonnamment considérés comme un signe positif et sont souvent enterrés avec respect dans le cimetière du village.

Parmi les compagnons de Ninigi sur le chemin de la Terre se trouvent cinq kami, qui sont considérés comme les ancêtres de cinq clans familiaux japonais différents et qui représentent également chacun un groupe professionnel : Chapelier, Bouclier, Métallier, Tisserand et Joaillier. Le fait qu'ils viennent sur terre avec Ninigi explique non seulement pourquoi ces professions sont répandues parmi les gens, mais aussi pourquoi chaque famille exerçait traditionnellement la profession en question. De même, le serment de Hoderi selon lequel ses descendants doivent servir ceux de son frère Hoori légitime le rôle du clan familial issu de Hoderi dans l'Empire.

RÔLE ET (PSEUDO-)HISTORICITÉ DU TENNŌ

Le rôle de la famille impériale au Japon est en grande partie légitimé par la mythologie. Le premier Tennō mythologique (titre de l'empereur japonais ; littéralement "fils du ciel") est donc l'arrière-arrière-petit-fils (c'est-à-dire le descendant de la cinquième génération) d'Amaterasu, ce qui donne l'image que la famille impériale descend en ligne directe d'elle.

L'épée capturée par Susanoo (Kusanagi no Tsurugi), le collier d'Amaterasu (Yasakani no Maga-tama) et le miroir placé devant la grotte d'Amaterasu (Yata no Kagami) ont été, selon la légende, donnés à Ninigi par Amaterasu lors de son passage sur terre et transmis par lui à ses descendants. Ils sont considérés comme les trois insignes impériaux du Japon (Sanshu no Jingi, littéralement "trois trésors sacrés") et seraient toujours en possession de la famille impériale, ce qui légitimerait également son pouvoir.

La partie de la chronique enregistrée du Japon que l'on peut qualifier de mythologique ne se termine pas avec l'ère des kami, mais se poursuit pendant de nombreuses années à travers l'histoire japonaise et s'achève, selon les points de vue historiques, au premier siècle avant Jésus-Christ ou même seulement au sixième siècle après Jésus-Christ. Non seulement le Jinmu-Tennō est très probablement mythologique, mais on pense également que ses huit successeurs n'ont pas vraiment vécu sous la forme décrite par la mythologie. Il est extrêmement douteux qu'ils aient même existé et que les dates de leur naissance, de leur mort et de leur règne qui nous sont parvenues soient correctes. Seule l'existence du dixième empereur japonais, Sujin-Tennō, qui a pris le pouvoir en 97 avant J.-C., est attestée par l'histoire. Néanmoins, lui et certains de ses successeurs sont également souvent qualifiés de "légendaires", car les preuves suggèrent leur existence, mais ne sont pas suffisamment significatives pour établir clairement leur historicité.

Le 15e empereur, Ōjin-Tennō, qui monta sur le trône en 270 après J.-C., est considéré par certains historiens comme le premier Tennō, dont l'existence - malgré des preuves toujours ambiguës - est très probable. L'historicité de certains de ses successeurs est étayée par le fait qu'ils correspondent probablement aux souverains japonais mentionnés dans les annales chinoises, qui sont appelés les "cinq rois de Wa" et qui ont envoyé des émissaires en Chine pour se faire reconnaître par l'empereur local. Tous les héritiers du trône à partir du 29e empereur, Kinmei-Tennō, qui a régné de 539 à 571, sont historiquement attestés. Cela vaut aussi bien pour leur existence en tant que telle que pour les dates de leur naissance, de leur accession au trône et de leur mort.

On pense qu'au cours de l'histoire de l'enregistrement des mythes japonais, le texte narratif original a parfois été modifié ou manipulé pour des raisons politiques, afin d'assurer la position de la famille impériale. Entre autres, le statut particulier souvent attribué à la province historique de Yamato, ainsi que sa fréquente mention comme synonyme de l'ensemble du Japon, ont probablement été construits a posteriori, puisque la famille impériale en est originaire.

Il est également fort possible que le sabre que Ōkuninushi reçoit de Susanoo et avec lequel il vainc ses frères et assure provisoirement sa domination sur la Terre soit le Kusanagi no Tsurugi qu'il a capturé. Mais comme celui-ci doit entrer en possession de la famille impériale pour légitimer son pouvoir, le mythe a été modifié, probablement à la demande d'un Tennō, pour qu'Amaterasu garde d'abord le Kusanagi no Tsurugi avec elle, avant de le donner à Ninigi par la suite. Le sabre légué à Ōkuninushi a été renommé en un "sabre de vie" non précisé. Dans d'autres versions, il s'agit plutôt d'une lance ou n'est pas mentionné du tout.

Contrairement à la croyance populaire, il n'est pas vrai que le Tennō lui-même était autrefois considéré par le peuple japonais comme un kami sous forme humaine. Bien qu'il soit considéré comme un humain descendant des kami, il n'est pas perçu comme ayant quelque chose de surnaturel ou de non-humain. Après la Seconde Guerre mondiale, lorsque les États-Unis ont demandé au 124e Tennō, Hirohito, de reconnaître publiquement qu'il était humain, cela n'a donc pas changé l'opinion de la population japonaise en général vis-à-vis de son chef d'État, contrairement à ce que pensent les Américains.

MOTIFS

L'un des motifs les plus marquants de la mythologie japonaise est la personnalité généralement très humaine des kami. Ils expriment des émotions humaines, réagissent souvent de manière trop humaine aux circonstances extérieures ou au comportement des autres, commettent parfois des erreurs et se comportent de manière forte ou faible dans différents types de situations. En termes plus généraux, ils pensent, agissent et réagissent d'une manière qui est compréhensible pour les humains. Cependant, comme nous l'avons déjà mentionné, il s'agit de la règle, qui n'est pas sans exceptions.

Dans des cas plus isolés, le comportement de certains kamis échappe à la compréhension humaine. L'exemple le plus ancien est celui d'Izanami dans le monde souterrain. Il est compréhensible qu'elle ne veuille pas être vue par son frère et son partenaire dans son état, mais la réaction qui s'ensuit semble au mieux exagérée, au pire totalement incompréhensible. Ce genre d'incident n'est pas très fréquent, mais il est toujours très frappant.

Un autre motif présent dans la mythologie japonaise, ou plus exactement souvent absent, est le concept de bien et de mal. La plupart du temps, celui-ci se caractérise en effet par une absence frappante. Il y a des kami et d'autres êtres et actions qui ont une connotation clairement négative, mais l'état qui prévaut la plupart du temps est un état d'ambivalence.

Il existe une certaine idée de la moralité, mais elle n'est que très vaguement définie. Non seulement les kamis semblent impassibles lorsque quelque chose est clairement perçu comme bon ou mauvais, juste ou injuste par l'observateur, mais la narration du texte elle-même prend rarement parti et indique rarement comment la situation devrait être jugée moralement. Il y a bien sûr des exceptions, comme dans le cas extrême des méfaits de Susanoo, qui sont condamnés à l'unanimité par les kamis et pour lesquels la narration du texte indique clairement qu'il s'agit d'actes clairement malveillants.

Certains objets apparaissent également de plus en plus comme motifs. Le Totsuka no Tsurugi (littéralement "épée large de dix mains") en est un bon exemple. Lorsqu'il est question d'une épée, il arrive souvent qu'il s'agisse précisément d'un tel objet. L'épée avec laquelle Izanagi tue son fils Kagutsuchi et découpe son corps est à peu près un Totsuka no Tsurugi. Il sera plus tard appelé Itsu no Ohabari et sera même utilisé comme un être vivant et parlant ou un kami à part entière. Un autre Totsuka no Tsurugi non nommé a été impliqué dans la compétition entre Amaterasu et Susanoo, et l'épée utilisée par Susanoo pour abattre Orochi appartient également à ce type d'épée (contrairement au légendaire Kusanagi no Tsurugi qu'il trouve dans le corps du monstre).

Lorsque Takemikazuchi demande à Ōkuninushi de lui remettre le pouvoir après son arrivée sur Terre, il est également assis sur un Totsuka no Tsurugi, dont le nom propre est Futsu Mitama no Tsurugi, qu'il a lui-même planté dans le sol auparavant. Ce même sabre se retrouve plus tard, grâce à l'intervention de Takemikazuchi, dans les mains du futur Jinmu-Tennō, Kamu-yamato Iware-biko, qu'il aide à remporter une bataille dans la région de Kumano.

Enfin, on ne peut ignorer que l'inceste est également un motif récurrent. Certains kami se marient avec des membres de leur famille, souvent leurs frères et sœurs directs, et donnent naissance à une descendance. Dans les textes, cela n'est pas commenté comme inhabituel ou incorrect et les descendants ne présentent pas de conséquences associées. Par exemple, l'état dans lequel se trouve Hiruko à sa naissance est attribué au rituel de mariage qui s'est mal déroulé, et non à la relation de parenté entre ses parents. De plus, les enfants qui lui succèdent ne semblent pas être affectés par les mêmes problèmes. L'une des raisons probablement les plus évidentes et les plus évidentes est que, malgré leur personnalité essentiellement humaine, les kamis ne sont pas assimilables aux humains et que, par conséquent, ni la réputation négative ou le tabou ni les conséquences de l'inceste ne s'appliquent nécessairement à eux.

Mais il y a aussi d'autres raisons à cette multiplication des occurrences. Premièrement, les mariages entre demi-frères et demi-sœurs n'étaient pas rares dans la famille impériale jusqu'au sixième siècle environ. Deuxièmement, le mot imo (lecture moderne : imōto), qui signifie aujourd'hui presque toujours "sœur cadette", peut également signifier "épouse" en japonais ancien, ce qui explique que certains cas supposés d'inceste dans la mythologie japonaise ne désignent peut-être pas vraiment des frères et sœurs.

Situation des sources

KOJIKI

Les deux œuvres littéraires les plus importantes considérées comme des sources de la mythologie japonaise sont le Kojiki (littéralement "récit d'événements anciens") et le Nihon Shoki (littéralement "chronique écrite du Japon"). Les deux œuvres commencent par la naissance mythologique du monde et leur récit s'étend jusqu'au premier millénaire de notre ère. J.-C. Ils ont également en commun le fait que, bien qu'ils ne soient pas considérés comme des sources historiques totalement fiables, ils sont considérés comme importants par les historiens et les archéologues en raison des descriptions du Japon antique qu'ils contiennent.

Lorsque l'on parle de différentes versions d'un récit mythologique, on fait généralement référence à la version du Kojiki et à celle du Nihon shoki. Parfois, seuls des détails d'un récit par ailleurs identique diffèrent entre les deux œuvres, mais souvent les différences sont plus importantes et les deux versions se contredisent. Une telle contradiction peut se produire au sein d'un même ouvrage et provient du fait que deux traditions différentes se sont rencontrées et qu'on a essayé de les relier en un seul et même événement, alors qu'elles étaient à l'origine indépendantes l'une de l'autre. Les noms de certains kami diffèrent également entre le Kojiki et le Nihon shoki, et dans ces cas, le contexte indique souvent qu'il s'agit du même kami.

Le Kojiki est la plus ancienne œuvre littéraire japonaise encore existante. Il est important de noter que le contenu de l'ensemble du texte n'a pas été directement repris d'autres notes et récits écrits plus anciens, mais a été dicté oralement par une seule personne.

Avant même la création du Kojiki, la famille impériale et d'autres clans familiaux qui ont régné à différentes époques ont tenu différents registres de leurs généalogies et de diverses anecdotes concernant leurs origines et leur passé. Cette pratique a probablement débuté au sixième siècle après J.-C. En raison de certaines contradictions, le 40e empereur, Tenmu, a ordonné sous son règne une inspection et une révision plus approfondies des registres afin de clarifier ces contradictions et d'éliminer les erreurs qui s'étaient glissées au fil du temps. Il a également voulu établir une légitimité mythologique pour le règne de cette famille et pour les positions des membres des autres familles dans le système de gouvernance.

Un récitant ou une récitante nommé(e) Hieda no Are (l'histoire ne dit pas s'il s'agissait d'un homme ou d'une femme et le nom ne permet pas de le savoir) était chargé(e) de mémoriser le résultat de cette révision. Are était l'un des familiers de Tenmu-Tennō, la tradition veut qu'il ait une mémoire exceptionnelle et qu'il soit issu d'une famille dont la lignée remonte, selon ses dires, à Ame no Uzume. Ce n'est qu'en 711, soit 25 ans après la fin du règne de Tenmu-Tennō, que la 43e impératrice, Genmei, a donné l'ordre de le mettre par écrit. Le Kojiki a été achevé vers 712 à sa cour par le scribe Ō no Yasumaro. Le contenu est basé sur le récit reproduit par Are.

Le texte du Kojiki est divisé en trois parties, précédées d'une courte préface d'Ō no Yasumaro, dans laquelle il décrit la genèse de l'œuvre et explique sa structure ainsi que certaines de ses particularités écrites. La première partie s'étend du début du ciel et de la terre et des Koto Amatsukami jusqu'à la naissance du Jinmu-Tennō. La deuxième partie décrit le parcours de la famille impériale sur la période des 15 premiers empereurs du Jinmu-Tennō à l'Ōjin-Tennō. La troisième partie décrit la suite de l'histoire de la famille, de Nintoku-Tennō à la 33e impératrice, Suiko-Tennō.

Le Nihon shoki est la deuxième plus ancienne œuvre littéraire survivante du Japon. Il s'agit également de la première des six chroniques de la mythologie et de l'histoire japonaises écrites à la cour impériale aux huitième et neuvième siècles, chacune d'entre elles couvrant une période différente. Il diffère du Kojiki à bien des égards : Alors que le Kojiki, écrit en sino-japonais, était destiné à des lecteurs au sein du Japon, le Nihon shoki, rédigé en chinois classique, était conçu comme une chronique nationale pouvant être présentée à d'autres peuples.

Le Kojiki se base également sur des sources transmises au sein de la famille impériale, tandis que le Nihon shoki tire également ses informations de sources extérieures. De plus, les données historiques du Nihon shoki sont considérées comme plus proches de la réalité. Cela contraste fortement avec le Kojiki, qui accorde plus d'importance à un récit mythologique cohérent et ininterrompu qu'à une orientation précise vers des faits historiques. Enfin, les deux œuvres se distinguent également par le fait que le Nihon shoki est plus détaillé sur l'aspect historique que le Kojiki, qui a tendance à simplifier les événements historiques et à les agrémenter de mythes. Cependant, il omet certains récits mythologiques, probablement parce qu'ils ne sont pas assez pertinents pour le contexte historique de l'œuvre.

Contrairement aux trois sections du Kojiki (diviser un texte en trois parties, une "supérieure", une "moyenne" et une "inférieure", est une pratique courante dans la littérature japonaise classique), le Nihon shoki est composé de 30 chapitres. Seuls les deux premiers parlent de l'ère des kami et le troisième commence déjà avec le Jinmu-Tennō. Les chapitres suivants vont jusqu'à la 41e impératrice, Jinō-Tennō, mais un chapitre unique n'est pas toujours consacré à chaque Tennō, puisque deux ou trois d'entre eux sont parfois regroupés dans un chapitre commun, et la période du Tenmu-Tennō s'étend même sur deux chapitres, ce qui pourrait être lié à son importance dans la création du Kojiki.

Aucun chapitre n'est consacré au 39ème empereur, Kōbun-Tenno, car son règne n'a duré que quelques mois. Un cas particulier se présente relativement tôt dans le texte : Après le troisième chapitre consacré au premier empereur, la période de près de cinq siècles (581 à 98 av. J.-C.) allant du deuxième au neuvième empereur est résumée en un seul chapitre, qui n'énumère que des données générales très approximatives sur leur vie et leur règne. Cela pourrait s'expliquer par le fait qu'ils sont tous considérés comme absolument mythologiques et ne sont nullement attestés. Il en va certes de même pour le Jinmu-Tennō, mais celui-ci, contrairement à ses successeurs appelés kesshi hachidai (littéralement "huit empereurs sans chroniques"), est trop important. Seul le Sujin-Tennō, qui est aussi le premier Tennō avec des preuves historiques, bénéficie à nouveau d'un chapitre à part entière.

Les chapitres ne se concentrent pas exclusivement sur les aventures de la famille impériale, comme c'est le cas dans le Kojiki, mais incluent également des récits plus complets sur la situation du Japon sous leurs règnes. Les empereurs ne sont pas uniquement décrits comme des héros ; les vertus des bons empereurs sont également relatées, tout comme les manquements des mauvais. Les contacts du Japon avec l'étranger sont également documentés. L'histoire de la création du Kojiki est également contenue dans le Nihon shoki. Il est considéré comme un document historiquement précis pour la période allant de 661 à 697, mais le reste de l'ouvrage est considéré comme plus ou moins véridique.

Autres mythologies au sein du Japon

SYNCRÉTISME BOUDDHISTE-SHINTŌISTE

Après l'établissement du bouddhisme au Japon, l'union du Shintō et du bouddhisme importé de Chine, appelée shinbutsu-konkō (littéralement "mélange de kami et de Bouddha"), a commencé. C'est ainsi qu'est apparue, à certains égards, une forme mixte d'éléments du bouddhisme et du Shintō. Le terme technique pour un tel mélange est syncrétisme. L'un des phénomènes de cette association a été, dans certains endroits, ce que l'on appelle les temples-sanctuaires, composés de sanctuaires Shintō et de temples bouddhistes, ou la popularisation des moines sanctuaires, qui étaient présents en tant que moines bouddhistes dans la plupart des sanctuaires Shintō. Bien que le shinbutsu-bunri (littéralement "division des kami et des bouddhas") ait à nouveau provoqué une séparation et une réduction générale de l'influence bouddhiste au Japon au 19ème siècle, certaines influences du shinbutsu-konkō sont encore présentes de nos jours. Parmi elles, l'association de différents kami de la mythologie Shintō avec des divinités bouddhistes. Ces derniers étaient considérés soit comme identiques aux divinités respectives vénérées dans le bouddhisme, soit comme d'autres incarnations ou manifestations de celles-ci.

L'un des exemples les plus connus est que quatre des "sept dieux de la chance" bouddhistes (Jap. Shichi-fukujin) sont toujours associés à certains kami. Ebisu, dieu de la pêche et des pêcheurs, est généralement considéré comme identique à Hiruko, le premier fils d'Izanagi et d'Izanami, qui, après avoir été abandonné en mer par ces derniers, a été retrouvé par les premières personnes vivant au Japon qui ont pris soin de lui. Après avoir enduré quelques épreuves, il aurait guéri les malformations qu'il avait à la naissance, de sorte qu'il est toujours représenté avec une posture légèrement voûtée, mais avec un sourire remarquable.

Il existe également d'autres traditions selon lesquelles Ebisu est identique à Kotoshironushi, l'un des
fils de Ōkuninushi. Daikokuten, dieu de la cuisine, de
la richesse et de la fertilité, est considéré comme identique à Ōkuninushi, car tous deux sont associés au
même lieu au Japon et sont souvent représentés portant un sac sur le dos et accompagnés d'une souris. Il
existe également des similitudes dans leur orthographe. Benzaiten, déesse des arts, de la musique et de
l'éloquence, est considérée comme l'essence d'Ugajin,
kami des récoltes et de la fertilité. Elle est souvent représentée avec son image au-dessus de sa tête. Bishamonten, dieu de la chance à la guerre, est associé à
Hachiman, Ōjin-Tennō devenu kami après sa mort.
Hachiman est également associé aux victoires dans les
batailles.

LA MYTHOLOGIE DES AÏNOUS

Les Aïnous sont les premiers habitants de l'île japonaise la plus septentrionale, Hokkaidō, et de la région de Tōhoku sur l'île principale de Honshū. Ils sont également présents dans certaines régions de l'est de l'actuelle Russie. Ils appartiennent à un groupe ethnique différent de celui des Japonais actuels et possèdent leur propre langue, qui n'est pas apparentée au japonais. Historiquement, ils ont souvent été en conflit avec les Japonais, qui les ont opprimés, comme de nombreux peuples indigènes dans le monde.

Ce n'est que depuis 2008 qu'ils sont reconnus au Japon comme un peuple autochtone avec une culture distincte. Comme de nombreux Aïnous ont vécu et vivent encore isolés de la population japonaise, il n'est pas surprenant qu'ils aient leur propre mythologie. Celle-ci est loin d'être aussi bien connue que celle des Japonais, d'une part parce que les Aïnous, tout comme les Japonais, n'ont pas eu de système d'écriture pendant longtemps et que les mythes étaient transmis uniquement par voie orale. Des ouvrages comme le Kojiki et le Nihon shoki n'existaient pas et n'existent toujours pas chez les Aïnous. En raison de l'oppression et de la violence subies par les Aïnous de la part des Japonais, leur population a diminué, de sorte que leurs croyances populaires ne sont plus guère pratiquées aujourd'hui, ce qui rend également leur étude difficile.

La mythologie des Aïnous a des points communs avec la mythologie japonaise, comme le fait de parler d'êtres spirituels, appelés Kamuy dans la langue des Aïnous. Le nom n'est pas le seul à présenter des similitudes avec le terme japonais Kami. Les caractéristiques des kamuy leur ressemblent également, mais ne sont pas identiques. De plus, une version du mythe de la création des Ainu mentionne un couple céleste nommé Ae Oyna Kamuy et Turesh qui vient sur terre et dont le fils est le premier Ainu. Le fait qu'Ae Oyna Kamuy porte une lance est un parallèle frappant avec Izanagi et Izanami.

Un élément important de la mythologie Ainu, que l'on ne retrouve pas dans la mythologie japonaise, est le rôle important de l'ours, qui se traduit par un culte de l'ours, c'est-à-dire une vénération rituelle des ours. On raconte souvent comment les Kamuy apparaissent sous forme d'ours dans le monde des humains et ne prennent leur véritable forme que dans leur propre monde. Dans une version du mythe de la création des Aïnous, l'ours est également mentionné comme l'ancêtre originel des Aïnous, probablement parce que les Aïnous ont une pilosité corporelle plus développée que les autres peuples.

RÉCITS POPULAIRES ET LÉGENDES URBAINES

Il convient également de mentionner les récits populaires et les légendes urbaines répandus au Japon. Il est souvent difficile de les distinguer de la mythologie proprement dite. Ils ne contiennent généralement pas de description des kami, mais intègrent certains symboles ou autres éléments établis par la mythologie japonaise. Par exemple, l'histoire de Momotarō raconte l'histoire d'un garçon qui sort d'une pêche et qui est élevé comme un fils par un couple sans enfant. L'importance de la pêche dans la perception japonaise est liée à son rôle dans l'évasion d'Izanagi des Enfers, comme nous l'avons vu plus haut.

L'histoire d'Urashima Tarō raconte l'histoire du jeune pêcheur du même nom qui sauve une tortue d'un groupe d'autres enfants qui la torturaient pour s'amuser. Il s'avère que la tortue est en réalité la princesse d'un royaume enfoui sous la mer et, en récompense de son sauvetage, il est invité le lendemain par celle-ci dans son palais. Là, elle se présente à lui sous une forme humaine et ils se marient. Après n'avoir passé que quelques jours avec elle, de son propre point de vue, il a le mal du pays et souhaite retourner dans sa patrie. La princesse accepte avec hésitation et lui donne un coffret à emporter, tout en l'avertissant de ne jamais l'ouvrir.

Une fois sur la terre ferme, il se rend rapidement compte que sa famille, ses amis et toutes les autres personnes qu'il connaissait ne sont plus là et qu'à la place, sa maison et son village natal sont habités par des personnes qui lui sont étrangères. Lorsqu'il demande à un homme de passage s'il a entendu parler d'un jeune homme nommé Urashima Tarō, celui-ci lui répond que le garçon a disparu en mer il y a des centaines d'années.

Horrifié et triste d'avoir été absent pendant plusieurs centaines d'années, il ouvre le coffret. Il commence alors à vieillir soudainement et se transforme en un vieil homme avec une longue barbe blanche. Le coffret contenait toutes les années qu'il avait passées dans le palais sous-marin. En les enfermant, il a été épargné par leurs effets et en les ouvrant, ils ont commencé à se manifester à une vitesse fulgurante. Au fond de la boîte, il trouve une plume. Il s'en empare, se transforme en grue et s'envole.

Malgré quelques différences, on peut clairement établir des parallèles avec l'histoire mythologique de Hoori. Hoori et Urashima Tarō, tous deux pêcheurs, épousent une femme originaire d'un monde sous la mer et reçoivent d'elle un objet surnaturel. Tous deux sont explicitement avertis par leur épouse de ne pas faire quelque chose de particulier : Hoori ne doit pas regarder Toyotama-hime pendant l'accouchement et Urashima Tarō ne doit pas ouvrir le coffret. Mais leur curiosité les pousse à s'opposer à leurs demandes respectives et à subir les conséquences de leurs actes :

Hoori perd sa compagne et Urashima Tarō perd sa jeunesse ou sa durée de vie. Le roi de la mer, Ryūjin, qui apparaît dans l'histoire, est également considéré dans certaines traditions comme l'équivalent de Watatsumi. De plus, on pense que le nom de l'histoire, et peut-être même toute son existence, vient du fait que dans le chapitre 14 du Nihon Shoki, bien après le récit de Hoori, il est mentionné en passant qu'un garçon nommé Urashima a visité le royaume de Watatsumi et y a vu des choses merveilleuses.

Inversement, les personnages des contes populaires japonais ont également une influence sur la compréhension de la mythologie. Sarutahiko a longtemps été représenté dans les représentations artistiques comme ressemblant à un singe, en raison de son nom et du fait que son visage et son arrière-train sont décrits comme rouges. Mais la popularité croissante des tengu, créatures mythiques ailées au long nez, qui font l'objet de nombreux contes populaires, a fait que Sarutahiko, qui possède également un nez exceptionnellement long, a été de plus en plus souvent représenté avec une apparence extérieure ressemblant à un tengu.